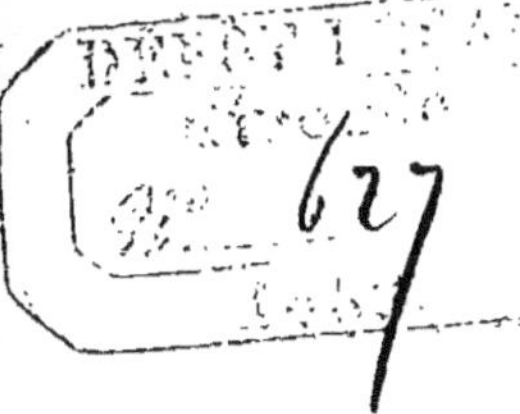

DISCOURS

prononcé dans la métropole de Tours

A L'OCCASION

DE LA TRANSLATION DES RELIQUES DE SAINT MARTIN

11 NOVEMBRE 1866.

> Revertentes, visitemus fratres in
> quibus prædicavimus regnum Dei.
> (*Act. Apost.*, XV, 36.)

MESSEIGNEURS (¹),

C'est avec une profonde émotion que je remonte dans cette chaire. Un demi-siècle s'est presque écoulé depuis que j'accourus en Touraine, avec plusieurs jeunes prêtres, sur la demande de Mᵍʳ du Chilleau, votre vénérable archevêque, et de Mᵍʳ de Montblanc, son digne coadjuteur. Ce dernier vint nous chercher lui-même à Lyon, en octobre 1821.

J'ai évangélisé, Nos Très Chers Frères, un grand nombre de vos paroisses ; j'ai encore présent à la mémoire du cœur le nom des églises et des bons curés auprès desquels j'ai rempli le consolant ministère de l'apostolat. Il m'est donc permis d'emprunter en ce moment les paroles de Paul à Barnabé : « Revenons et visitons les bien-aimés frères à qui nous avons annoncé le royaume de Dieu. *Revertentes, visitemus fratres in quibus prædicavimus regnum Dei.* »

(¹) Mᵍʳ Guibert, archevêque de Tours ; Mᵍʳ Nogret, évêque de Saint-Claude, et Mᵍʳ Lavigerie, évêque de Nancy et Toul.

1867

I

Les jours étaient encore mauvais. Les générations nouvelles s'étaient élevées loin de la pensée de Dieu. La grande œuvre des Gatien, des Lidoire, des Martin, des Fleury et des Conzié semblait anéantie.

Je cite le nom de l'évêque qui fut le dernier anneau de cette longue chaîne d'illustres pontifes brisée au jour d'une grande tempête. Mgr de Conzié mourut sur la terre d'exil en 1795. L'Église de France était cette Rachel inconsolable qui pleurait les enfants arrachés de son sein. Il n'entre pas dans mon sujet de raconter les indignités, les horreurs de ces jours néfastes. Rappelons seulement que Dieu abaissa un regard de miséricorde sur l'Église de Tours, et qu'elle vit arriver, en 1802, pour sécher ses larmes et réparer ses maux, Mgr de Boisgelin, portant au front la double couronne des confesseurs de la foi et des docteurs de l'Église.

A ce prélat, devenu plus tard cardinal, succéda Mgr de Barral, qui avait laissé de beaux souvenirs sur le siége de Bossuet. Il se fit accompagner à Tours de MM. Danicourt et Salorgne, dont personne n'a oublié les services et les vertus.

Après le Concordat de 1817, qui ne fut exécuté qu'en partie, Mgr du Chilleau, ancien évêque de Châlons-sur-Saône et premier aumônier de Marie-Antoinette, devint votre pasteur et père. Son âge très avancé le força à se donner, dans la personne de Mgr de Montblanc, évêque nommé de Saint-Dié, un aide selon son cœur.

Nous trouvâmes ces deux pontifes entourés de quelques cooperateurs d'un incontestable mérite; il suffit de nommer les Simon, les Guépin, les Normand, les Souchu, les Cronier, les Formy, les Huberdeau, les Chabert et les Lesourd, pour rappeler ce que le zèle a de plus éclairé, la charité de plus tendre, l'esprit ecclésiastique de plus parfait.

Il n'en était pas de même au sein des campagnes. La plupart étaient encore veuves de leurs anciens pasteurs. Les vocations, devenues rares, n'avaient pas suffi à remplacer les vétérans du sacerdoce, morts sur l'échafaud ou dans l'exil. *La vigne sainte était encore ravagée par les sangliers, et l'homme ennemi semait à pleines mains l'ivraie dans le champ du père de famille.*

L'ignorance des vérités du salut, l'entraînement des plaisirs, l'empire du respect humain, les rêves de l'ambition, l'inintelligence de tout ce qui ne se résout pas en avantages matériels, voilà quelle était la plaie d'un trop grand nombre de localités. Aussi rencontrait-on de toutes parts le mépris des sacrements; on n'entendait plus la parole qui fait vivre les âmes, et de coupables habitudes avaient remplacé la vie exemplaire des aïeux : maux immenses dont il n'était pas facile de triompher. Il fallait, pour les guérir, les plus abondantes effusions de la charité divine, un zèle centuplé dans ses moyens; il fallait des missions, non de quelques jours, mais pendant de longues semaines; il fallait entreprendre la grande œuvre de la résurrection, de la sanctification des âmes.

Nous l'entreprîmes avec courage, pleins de la pensée que nous pouvions tout avec l'aide de Celui qui nous envoyait : *Omnia possum in eo qui me confortat.*

Nous nous plaisons à proclamer du haut de cette chaire que nous trouvâmes parmi vous, chers habitants de la Touraine, des esprits droits, des cœurs nobles, des vertus de famille. Mais nous vîmes, dans le cœur de ceux de vos prêtres auprès desquels nous fûmes tout d'abord envoyés, ce qu'amène de tristesse et d'abattement l'insuccès d'un zèle frappant sans relâche à la porte d'âmes qui se barricadent contre leurs efforts. Ah! N. T. C. F., si vous aviez comme nous entendu les confidences de leur douleur, vous comprendriez les motifs qui les portaient à réclamer avec instance les bienfaits d'une mission.

Ils comprenaient, ces dignes pasteurs des âmes, la responsabilité qui pesait sur eux; ils savaient que le Seigneur, bien que son peuple ne cessât jamais d'avoir sa tribu sacerdotale, députait vers lui, lorsqu'il était sourd aux enseignements ordinaires, des prophètes qui faisaient vibrer, selon les circonstances, le sentiment de la crainte ou de l'amour; qui, en tonnant contre les vices et en menaçant le pêcheur des châtiments réservés à son impénitence, donnaient courage aux autres ministres dont la parole n'était pas assez écoutée.

Nous croyons encore, chers habitants de Bourgueil, d'Amboise, de Neuvy-le-Roy, de Neuilley-Pont-Pierre, de Saint-Paterne, Saint-Christophe, Beaumont-Laronce, Vouvray, Sainte-Maure, Champigny, Saint-Épain, la Chapelle-Blanche, Saint-Benoît, Ussé, Chinon, Loches, Richelieu, Villeloin, Montrésor, entendre les cantiques de votre allégresse, lire sur vos fronts une sérénité qui était le reflet d'une conscience réhabilitée : des unions coupables avaient été bénies, des concitoyens réconciliés; d'affligeants scandales avaient disparu; le dimanche était redevenu le jour du Seigneur, son temple n'était plus désert; les blasphèmes et les discours licencieux avaient cessé; le riche avait communié à côté du pauvre, le serviteur à côté du maître, le vieillard à côté de l'enfant.

Ce ravissant souvenir, N. T. C. F., toujours présent à notre esprit, se mêle encore chaque jour à nos actions de grâces, et nous fait souvent répéter avec le grand apôtre : « *Benedictus Deus qui benedixit nos in omni benedictione spirituali, in cœlestibus in Christo.* »

Ce ministère, qui fut pour nous la source de tant de consolations, touchait à son terme. La permission de le remplir hors de notre diocèse natal expirait à la fin de 1827; un ordre venu de haut nous appelait ailleurs; il fallut obéir, et nous remîmes entre les mains des fils de saint Vincent de Paul la direction de vos missions diocésaines. Vous savez le bien qu'ils ont fait et qu'ils continuent à faire au milieu de vous.

M. Dufêtre et M. Suchet obtinrent de rester en Touraine.

Le premier devint, comme vicaire général, l'instrument des grandes choses qui signalèrent l'épiscopat de Mgr de Montblanc. Je fus appelé par le vénérable chapitre de Saint-Gatien, à présider, en 1842, les funérailles du saint archevêque, dont le souvenir est gravé en caractères ineffaçables au plus profond de mon cœur. M. Suchet, nommé curé de Saint-Saturnin, vous quitta plus tard pour échapper aux manifestations si sympathiques dont il était l'objet. Il préféra les fatigues, la pauvreté même de l'apostolat, qu'il exerce encore en Afrique avec un admirable dévouement. Mgr Nogret fut placé à la tête de l'archiprêtré de l'une de vos cités principales jusqu'au moment de sa promotion à l'évêché de Saint-Claude, où il continue si bien les œuvres de ses illustres prédécesseurs.

Je vous ai peut-être, N. T. C. F., entretenu trop longtemps de mes anciens souvenirs; pardonnez-le à ma vieillesse. J'arrive enfin à la translation des reliques de saint Martin dans la crypte, où une châsse et un magnifique *ciborium* viennent d'être disposés pour les recevoir. La pluie semblait devoir mettre obstacle à l'explosion de votre enthousiasme, mais un rayon de soleil qui frappe en ce moment les vitraux de la grande basilique me donne l'espoir fondé que le programme de votre fête sera exécuté dans toutes ses parties.

Une voix que vous êtes heureux d'entendre depuis quelques jours vous a déjà parlé de l'objet de cette solennité; il me semble toutefois que je contristerais mes diocésains, si je descendais de cette chaire sans avoir remercié votre grand thaumaturge de nous avoir envoyé de puissants évangélisateurs dans la personne des Romain et des Macaire, ses deux disciples de prédilection. Saint Martin voulut venir présider lui-même, à Blaye, les funérailles du premier. Le souvenir de cette apparition semble encore vivant dans toute la contrée. Que ne lui devons-nous pas aussi pour avoir été l'instrument de la conversion de Paulin, cette gloire si pure et si poétique de notre vieille Aquitaine ! A vingt ans, le disciple d'Ausone était consul; peu de temps après, il gouvernait l'Illyrie; à vingt-six ans, il devenait préfet de Rome. Il eut le bonheur de rencontrer saint Martin à Vienne, en Dauphiné; c'était à l'époque où Dieu multipliait les miracles sous ses pas. Paulin avait sur l'œil une taie menaçante : les médecins avaient désespéré de sa guérison, il allait perdre la vue; saint Martin le touche, et le mal disparaît. Peu de temps après, notre néophyte distribua ses biens aux pauvres, reçut le baptême des mains de saint Delphin, et plein de la pensée du néant de toutes les grandeurs, il chercha la retraite et le silence. Dieu désormais fut seul capable de remplir son cœur.

II

La Touraine, N. T. C. F., n'est pas la seule contrée qui donne en ce moment des preuves éclatantes de son antique foi : la France entière est devenue le théâtre des plus solennelles et des plus édifiantes manifestations, soit par le culte qu'elle a voulu rendre aux précieux restes de ses martyrs et de ses premiers apôtres, soit par les couronnes que le Saint Père a décernées aux sanctuaires où Marie est plus spécialement honorée.

Je ne parlerai ici que des solennités auxquelles il m'a été donné de prendre part. Quel esprit de foi, quel recueillement, quel enthousiasme, au sein des populations des villes de Saintes, d'Autun, de Lectoure, de Rodez, d'Amiens, d'Annecy, de Dax, de Pont-à-Mousson, pour la translation des restes précieux de saint Eutrope, du bienheureux Lazare, de saint Clair, de saint Artémon, de saint François de Saies, de saint Vincent de Paul, de sainte Theudosie, et du saint martyr dont le Souverain Pontife gratifiait le Petit-Séminaire de Pont-à-Mousson !

Mgr Lavigerie, un de mes successeurs les plus aimés sur le siége de Nancy, voulut bien m'appeler, après trente ans d'absence, à présider cette dernière solennité. J'avais traversé des jours difficiles en Lorraine; j'en fus dédommagé par un accueil et par des procédés dont une exquise délicatesse doublait le prix.

Recevez, Monseigneur, tous mes remercîments, et soyez l'interprète de mes sentiments d'estime et d'affection auprès de votre savant et pieux clergé, qui sait si bien, j'en ai été le témoin, apprécier le bonheur de vous voir à sa tête.

Mais puis-je parler des manifestations catholiques et ne rien vous dire, N. T. C. F., de la translation des restes de saint Augustin de Pavie à Hipponne, sous le pontificat de Mgr Dupuch?

Cette auguste cérémonie n'est pas seulement une magnifique page dans l'histoire, c'est un événement d'une haute portée. Si la première pensée en est due à l'Église, l'armée, l'administration, la magistrature s'associèrent avec une grâce parfaite aux démonstrations qui eurent lieu à ce sujet. Deux vaisseaux de l'État furent mis à notre disposition, et la dépouille sacrée, à laquelle nous vinmes assurer un tombeau, restera sur la terre africaine comme un éternel monument des sentiments religieux de la fille ainée de l'Église.

C'est un noble pays, N. T. C. F., que le pays de France! Notre courage a étonné les nations, notre génie les a éclairées! Pourquoi notre foi ne deviendrait-elle pas leur foi? La France ne peut rien faire que le monde entier ne s'en ressente. Il serait beau qu'elle voulût se décider, elle qui est la tête et le cœur de l'Europe, à régner sur les peuples bien plus par sa foi que par sa bravoure et son intelligence!

Quelle belle œuvre d'avoir rendu à la civilisation chrétienne cette terre, qui en fut un des théâtres les plus glorieux, et où se heurtèrent tant de fois les peuples de l'Orient et de l'Occident!

Pourrais-je vous entretenir des grandes solennités de ce temps, sans rien vous dire, N. T. C. F., des manifestations qui ont glorifié quelques-uns des sanctuaires consacrés à la Reine des cieux?

Si les premiers chrétiens avaient besoin de s'exciter aux luttes du présent par le souvenir des victoires du passé, combien le même secours ne nous est-il pas nécessaire? Pour rester fidèles, ils avaient dans le cœur ce je ne sais quoi de généreux qui est le partage des sociétés naissantes; ils avaient la pensée encore vivante du Calvaire, et cependant on leur recommandait de se rappeler les jours anciens pour s'animer à de nouveaux combats.

Et nous, N. T. C. F., qui n'avons qu'une sève appauvrie et un dévouement incertain de lui-même; nous, dont la vie se passe en alternatives de mouvements généreux et de défaillances coupables, négligerions-nous cet avertissement de l'apôtre : *Rememoramini pristinos dies, in quibus illuminati, magnum certamen sustinuistis passionum.* Souvenez-vous de ces jours anciens où la foi vous faisait résister à l'assaut des grandes épreuves.

Hélas! que de défections depuis que l'amour de soi a envahi les âmes, que tous aspirent à un repos sans dignité, parce qu'il n'est pas le fruit de la peine! Combien de fois, jetant autour de nous des regards pleins de tristesse, ne nous sommes-nous pas écrié avec Ézéchiel : Est-il possible que ces ossements, débris de nos croyances, épars au milieu des ruines de Babylone, puissent jamais revivre? *Credisne ossa ista vivent?*

Pardonnez-nous, bons habitants de la Touraine, de mêler à vos chants de triomphe un cri de douleur. Ce n'est pas vous qui nous l'arrachez, car nous voyons se lever sur votre cité une aurore nouvelle; le présent se lie au passé par un anneau magnifique, et les jours actuels seront bientôt dignes des jours anciens, car l'apostolat des saints ne finit pas avec leur vie terrestre; leur souvenir a aussi une mission, et leurs images comme leurs tombes ne voyagent que pour évangéliser.

Ne sont-ce pas des sources de lumières, de vertus, de bonheur, qui ont été ouvertes au sein des populations au milieu desquelles, comme à Tours, ont été célébrées quelques-unes de ces grandes fêtes!

Je vois encore Marseille, avec son soleil splendide, pleine d'animation dans ses rues, de pompe religieuse dans ses églises. On eût dit, en présence des quatre cardinaux, des quarante-deux archevêques ou évêques accourus avec tant de joie, que cette pieuse et noble cité venait d'être choisie pour le lieu d'une de ces grandes assemblées de Pontifes si fréquentes dans les premiers siècles de l'Église. Les arcs de triomphe élevés sur les places publiques, les guirlandes, la tenture des maisons, les chants d'allégresse d'une foule immense, au milieu de laquelle marchaient les autorités principales, n'étaient rien à côté de l'expression du sentiment de foi dont paraissaient animés les trois cent mille fidèles, nous montrant la voie qui mène au sanctuaire de Notre-Dame de la Garde.

Ce que nous avons admiré à Marseille, nous l'avons trouvé à Bordeaux, au Puy, à Chartres, à Blois, à Avignon, à Notre-Dame du Laus, à Cléry, à Verdelais, à Arcachon, à Buglose, à Notre-Dame de la Fin-des-Terres. Ce dernier sanctuaire a été, en 1860, arraché aux sables de la mer, qui l'étreignaient depuis si longtemps. L'histoire des phases par lesquelles il a passé serait trop longue à redire. Ce monument, situé aux confins de l'ancien monde, apparaît aujourd'hui comme une glorieuse conquête, au double point de vue des traditions religieuses de notre vieille Aquitaine et de la science archéologique, qui recouvrent une basilique où l'art chrétien a marqué ses puissantes empreintes.

Assise au bord de l'Océan, au milieu de ces dunes qui furent jadis un fléau terrible, et au sommet de la contrée fameuse qui, sous le nom de Médoc, est devenue une source de richesses, l'église du vieux Soulac, dégagée de son immense linceul, est un des plus curieux monuments de notre France. Elle jette sur la plage, où elle a revu la lumière, une indéfinissable teinte de poésie. La cité des âges anciens dort sous les flots; le temple, arraché à son tombeau, est le seul témoin de ces grands cataclysmes qui ont épouvanté nos pères. Aussi rien n'égale l'enthousiasme qui éclata le jour où il nous fut donné, au milieu d'une population ivre de joie, de replacer nous-même la statue miraculeuse de la Reine des cieux sur l'autel où les vieilles générations venaient la vénérer des extrémités du monde connu.

Ce serait, N. T. C. F., une grave erreur de croire que le culte de respect et d'amour offert à Marie soit stérile pour les mœurs. Ne savons-nous pas, au contraire, qu'il se change souvent en un culte d'imitation? On verra, jusqu'au milieu des guerres et des catastrophes, naître le goût du silence, l'amour de l'humilité, ce feu consumant de la prière, ce sens divin de la pureté, qui sont comme le parfum envoyé des cieux par la Vierge-Mère.

Je n'ai pas cru devoir aborder dans ce discours le point de vue utilitaire de toutes les œuvres catholiques. On comprend assez ce que l'acquisition et la restauration de l'église de Saint-Julien, à Tours, la reconstruction de la basilique de Saint-Martin, et l'apparition de tant d'églises qui ont surgi comme par enchantement sur tous les points de la France, peuvent procurer de salutaire activité aux populations qui les élèvent. C'est, comme je l'ai dit plus haut, une source féconde ouverte à l'émulation, à l'industrie et aux arts.

Voilà, N. T. C. F., de grands faits, et quelles que soient nos alarmes à la vue des efforts multipliés de l'irréligion, ce n'est pas espérer contre l'espérance que d'attendre beaucoup d'un siècle et d'une nation où l'on ouvre tant d'asiles à l'enfance, à la vieillesse et à la douleur, où l'on rend de si éclatants hommages à Dieu, à ses saints et surtout à son auguste Mère.

Monseigneur, je ne saurais vous dire combien j'ai été touché de votre accueil si fraternel; je ne puis quitter cette chaire sans me faire l'interprète des sentiments de tout ce peuple, qui ne voit pas seulement en vous le continuateur du ministère du pieux cardinal Morlot, mais un apôtre infatigable, un père, un pasteur dont la vie entière est consacrée au bonheur de ses enfants. J'avais vu Votre Grandeur à l'œuvre dans un autre diocèse ; les établissements que vous avez créés, les souvenirs de haute piété, de sainteté que vous avez laissés au milieu des habitants du Vivarais, disaient assez ce que vous sauriez faire sur un théâtre plus digne encore de votre zèle. Continuez votre œuvre ; elle demandait un courage plus qu'ordinaire ; il fallait toute l'énergie, toute la persévérance d'une foi surhumaine pour amener à terme la reconstruction d'un monument comme celui que vous avez résolu de rendre à votre archidiocèse, à la France et au monde catholique.

Bordeaux. — Imp G. Gounouilhou, rue Guiraude, 11.

www.ingramcontent.com/pod-product-compliance
Lightning Source LLC
Chambersburg PA
CBHW051303050726
47595CB00008B/3399